AF312697

MA COUSINE

COMÉDIE

Représentée pour la première fois, à Paris, sur le théâtre
du Vaudeville, le 12 avril 1873.

MICHEL LÉVY FRÈRES, ÉDITEURS

DU MÊME AUTEUR

LA FEMME HEUREUSE, un acte en prose.
L'ERREUR DOMESTIQUE, un acte en prose.
LA COMTESSE DE LA RUE CADET, un acte en prose.
LES AMOUREUX DE MARTON, un acte en vers.
LE VAUDEVILLE, prologue en vers.
ARLEQUIN ET COLOMBINE, un acte en vers.
LA PORTE EST CLOSE, saynète en vers.

CHATILLON-SUR-SEINE. — Imprim...

MA COUSINE

COMEDIE EN UN ACTE

PAR

LÉON SUPERSAC

PARIS

MICHEL LÉVY FRÈRES, ÉDITEURS

RUE AUBER, 3, PLACE DE L'OPÉRA

LIBRAIRIE NOUVELLE

BOULEVARD DES ITALIENS, 15, AU COIN DE LA RUE DE GRAMMONT

1873

Droits de reproduction, de traduction et de représentation réservés

A

SAINT-GERMAIN

AMITIÉ

LÉON SUPERSAC

PERSONNAGES

ARTHUR, 23 ans. . . , ...	M. Saint-Germain.
COLOMBIER, 35 ans	M. A. Georges.
LUCILE, 19 ans. . . ·	Mlle Massin.
MATHILDE, 20 ans.	Mlle Melita.
THÉRÈSE	Mlle Morand.
MISS	Mlle Juliette.

MA COUSINE.

Un jardin. — Au fond, un mur couvert d'un espalier. — Dans le mur, une petite
porte. — A gauche, un grand canapé de jardin. — A droite, une table entourée de
chaises et de fauteuils. — Sur la table, une tapisserie et un vase plein de fleurs.

SCÈNE PREMIÈRE

COLOMBIER, THÉRÈSE.

Au lever du rideau — Colombier, le cigare aux dents, se promène à pas allongés,
se parlant à lui-même comme un homme préoccupé — Thérèse au fond, tout en
cueillant des pêches, examine curieusement les allées et venues de Colombier
— La scène est muette quelques instants.

COLOMBIER, il tire sa montre.

Allons! l'heure du train est encore passée.

Il se laisse tomber sur une chaise et déploie un journal.

THÉRÈSE

Qu'est-ce qu'il a donc, monsieur ?.. (Passant derrière lui.) — Il
soupire à présent.

COLOMBIER, froissant le journal.

Eh ! ça m'est bien égal, tout ça...

THÉRÈSE, à part.

Je crois bien... il lisait à l'envers.

COLOMBIER, se retournant.

Hein !.. (Il se trouve vis-à-vis de Thérèse qui part d'un grand éclat de rire.)
Pourquoi riez-vous ?..

THÉRÈSE, *riant toujours.*

Je ne ris pas, monsieur...

COLOMBIER.

Comment faites-vous quand vous riez ?..

THÉRÈSE.

Mais non, monsieur, je ne ris pas... (Elle éclate de rire.) **Ah !**
tant pis...

Elle se sauve.

COLOMBIER, *abasourdi.*

Hein ?.. (A part.) Décidément je me trahis, moi...

THÉRÈSE, en sortant, bas à Mathilde, qui vient de la droite.

Voyez donc monsieur, madame; il a l'air bien tourmenté...

Elle sort par la droite.

SCÈNE II

COLOMBIER, MATHILDE.

MATHILDE.

Ah !

Elle est en toilette de campagne avec son chapeau. Elle s'avance lentement en
examinant son mari.

COLOMBIER, *se croyant seul*

Cette petite drôlesse qui me rit au nez à présent.

MATHILDE.

Drôlesse est dur, mon ami.

COLOMBIER, *se retournant vivement.*

Ah ! c'est toi, Mathilde. Pardon rien... une simple imper-
tinence de mademoiselle Thérèse...

MATHILDE.

Vous m'étonnez... une bonne petite fille pourtant qui à
l'instant encore m'engageait à veiller sur vous.

COLOMBIER.

Comment, veiller sur moi.

MATHILDE, *railleuse.*

Que voulez-vous, vous donnez des inquiétudes à toute la
maison. Avouez que depuis quelques jours votre caractère
est singulièrement changé — Oui, vous êtes devenu inquiet,
nerveux, agité. Tenez, justement, depuis le départ d'Arthur.

COLOMBIER, *à part.*

Miséricorde !

MATHILDE, le regardant en face.

Où donc l'avez-vous envoyé ?..

COLOMBIER, vivement.

Moi, quelle idée... où veux-tu ?..

MATHILDE.

Je vous le demande...

COLOMBIER.

Voyons, voyons, Mathilde, ce n'est pas sérieux... (La regardant et pour changer la conversation.) Mais, toi-même, où vas-tu ?

MATHILDE.

N'est-ce pas dimanche... je vais à la messe. Vous ne m'accompagnez pas ?

COLOMBIER.

Aujourd'hui ! Ah ! pardon, non, Mathilde, c'est impossible ce matin.

MATHILDE, regardant sa montre.

En effet, l'heure du chemin de fer...

COLOMBIER.

Comment ?

MATHILDE.

Oui, j'ai remarqué que c'était à ces heures-là que vos crises vous prenaient habituellement.

COLOMBIER, à part.

Brigand d'Arthur ! (Haut.) Eh bien, oui je suis inquiet... Eh bien, oui j'attends quelqu'un.

MATHILDE.

Ah! vous avouez donc.

COLOMBIER.

J'attends Lucile, tu le sais bien.

MATHILDE, incrédule.

Mademoiselle Lucile ! ma petite belle-sœur... qui ne peut pas me souffrir.

COLOMBIER.

Dam, c'est assez naturel.

MATHILDE, le regardant.

Je vous remercie.

COLOMBIER, s'excusant.

Oh, par exemple !

MATHILDE, riant.

Vous voyez que vous n'avez pas vos idées bien nettes.

Elle va s'asseoir sur le banc.

COLOMBIER, la suivant. *

Non, mais tu comprends, c'était une de ses fantaisies à cette enfant. C'est elle qui prétendait me marier.

MATHILDE.

Ah ! Je comprends aussi que c'est grâce à vous qu'elle me doit détester.

COLOMBIER.

Comment, grâce à moi.

MATHILDE.

Sans doute — Pendant que vous étiez garçon, votre sœur restait en pension en Angleterre. Vous ne pouviez l'avoir auprès de vous. C'était tout simple. Mais après c'était à nous de l'aller chercher. Je vous en ai prié à Dieppe.

COLOMBIER.

Oui, mais Dieppe, c'était le petit voyage.

MATHILDE.

Eh bien?

COLOMBIER.

Eh bien, le petit voyage à trois. (Il l'entoure de ses bras.)Ce n'est plus le petit.....

MATHILDE, se dégageant vivement.

Je ne vous en demande pas si long...

COLOMBIER, tirant un porte-cigares de sa poche et en retirant
une photographie.

Et, tiens, si tu veux des preuves.

MATHILDE, regardant.

Son portrait!. Vous mettez votre sœur avec vos.. cigares..

COLOMBIER.

Oh! c'est fait exprès. Il y a une petite poche, son portrait oui, avec un petit mot pour m'annoncer son retour et qui me disait : J'ajoute mon portrait, monsieur, pour que vous me reconnaissiez... Depuis le temps que vous ne m'avez vue.

MATHILDE.

Pauvre mignonne...

Elle lui rend la carte qu'il remet dans son porte-cigares.

COLOMBIER.

J'espère qu'à présent tu n'as plus...

MATHILDE.

Le moindre doute... non, au revoir, mon ami.

Elle s'éloigne.

COLOMBIER.

A bientôt, Mathilde, à bientôt. (Respirant.) Ah !

* Colombier, Mathilde.

MATHILDE, revenant *.

Ah pardon, vraiment, je suis trop étourdie. Voilà trois jours que j'oublie de vous dire...

COLOMBIER.

Trois jours... Quoi donc?

MATHILDE, très-tranquillement.

Une lettre anonyme que j'ai reçue.

COLOMBIER, avec un cri.

Une lettre !

MATHILDE.

Anonyme.

COLOMBIER, vivement.

De qui?...

MATHILDE, riant.

Comment de qui?

COLOMBIER.

Pardon, non, je voulais demander.

MATHILDE.

Vous en semblez plus ému que moi.

COLOMBIER.

C'est ton injure que je ressens... Elle disait, cette lettre?...

MATHILDE.

Et même à vous voir maintenant, j'ai regret d'augmenter vos tourments pour si peu.

COLOMBIER, impatienté.

Oui, tu es bonne — Mais enfin, elle disait...

MATHILDE.

Ces quelques mots tout simplement : Prière d'annoncer à monsieur Colombier une prochaine visite.

COLOMBIER, à part, épouvanté.

Il ne manquait plus que ça.

MATHILDE, le regardant.

Comprenez-vous?

COLOMBIER, vivement.

Moi, non, pas du tout. (A part.) Trois jours.

MATHILDE.

Allons, décidément, je m'en vais.

Fausse sortie.

COLOMBIER.

Trois jours.

Il tombe anéanti sur une chaise.

* Mathilde, Colombier.

MATHILDE, revenant.

Si cependant... (Colombier se relève vivement.) Si cependant cette personne se présentait en mon absence, vous seriez assez aimable pour la retenir, n'est-ce pas ? Il serait convenable que je fusse là pour lui faire les honneurs.

COLOMBIER.

Mais je te jure, Mathilde...

MATHILDE.

Adieu. Ah ! je suis de l'avis de Thérèse, vous avez l'air bien tourmenté...

Elle sort par la porte du fond.

SCÈNE III

COLOMBIER, puis ARTHUR.

COLOMBIER.

Trois jours — Une visite. Ah ! oui, je comprends. Je la connais, elle le ferait comme elle le dit... (Avec fureur.) Mais ce misérable Arthur, qu'a-t-il pu faire ? par où est-il passé le monstre, le bandit, le brigand ? Où est-il le scélérat ?

ARTHUR, il est rentré par la petite porte au moment où on prononce son nom.

Présent ! *

COLOMBIER, avec un cri.

Ah ! je pensais à toi.

ARTHUR.

Oui, j'ai entendu.

COLOMBIER, s'excusant.

Oh ! tu sais...

ARTHUR.

Je sais le mot de Pascal... « Combien peu d'amitiés subsisteraient, si l'ami le plus intime savait ce que son ami dit de lui quand il n'est pas là. » (Changeant de ton.) Je ne t'en veux pas, va — Mathilde va bien ?

COLOMBIER.

Très-bien.. Tu ne l'as pas vue ?

ARTHUR.

J'ai aperçu se dessinant au loin sa silhouette élégante.

COLOMBIER.

Oui... Mais... (Le regardant.) Tu dois avoir besoin de quelque chose. (Appelant.) Thérèse, Thérèse.

* Colombier, Arthur.

SCÈNE IV

LES MÊMES, THÉRÈSE. *

THÉRÈSE, accourant de droite.

Monsieur, (Apercevant Arthur.) Tiens, c'est monsieur Arthur...
Bonjour, monsieur Arthur.

ARTHUR.

Bonjour, Thérèse, bonjour.

COLOMBIER.

A déjeûner, voyons, vite, vite...

ARTHUR.

Non, j'ai plutôt soif.

COLOMBIER.

Du vin de Bordeaux, des biscuits...

THÉRÈSE.

Tout de suite, monsieur, tout de suite. (En s'en allant.) Tiens,
c'est monsieur Arthur. Tiens, c'est monsieur Arthur !

Elle disparaît. **

ARTHUR, souriant.

Elle est gentille cette petite...

COLOMBIER.

Eh bien... et mes lettres ?

ARTHUR, à part.

Diable! (Haut vivement.) Je n'ai négligé aucune de tes instruc-
tions.

COLOMBIER.

Cher ami, mon sauveur, va.

Il lui saute au cou.

THÉRÈSE, revenant avec un plateau.

Là, j'espère que je n'ai pas été longtemps. (A Arthur.) C'est
madame qui sera contente de vous voir.

Elle pose le plateau sur la table.

ARTHUR, ravi.

Vraiment Thérèse... (A Colombier.) Elle est bien gentille...
(Colombier le regarde en riant.) Sérieux. Beaucoup trop gentille!...

COLOMBIER, riant toujours.

Ah ça... Monsieur Arthur...

* Colombier, Arthur, Thérèse.
** Colombier, Arthur.

1.

ARTHUR, *gravement.*
Le danger n'est pas pour moi. Mais toi, avec tes instincts
déplorables...

Mouvement de Colombier.
COLOMBIER, *en passant devant lui.*
Hein?...

THÉRÈSE, *accourant comme si on l'appelait.* *
Plaît-il, monsieur?

COLOMBIER, *durement.*
Mais qui vous demande, vous.

THÉRÈSE.
... Pardon.. je croyais...

COLOMBIER.
Laissez-nous donc, c'est insupportable... Quoi?...

THÉRÈSE, *elle s'en va en boudant.*
Oh! je ne ris pas, monsieur, je ne ris pas.

Elle disparaît.

SCÈNE V

COLOMBIER, ARTHUR. **

ARTHUR, *s'asseyant à table.*
Tu vois !.. vous riez déjà ensemble.

COLOMBIER, *s'asseyant aussi.*
Par exemple !

ARTHUR.
Du reste, ça ne m'étonne pas d'après les jolies commis-
sions dont tu me charges.

COLOMBIER.
Voyons, voyons, farouche jeune homme. De quoi s'agis-
sait-il? d'une vieille histoire... d'un oubli... involontaire...
(*Arthur se met à rire.*) Enfin je te l'ai confiée cette lettre pleine de
menaces.

ARTHUR.
L'épître de mademoiselle Jessy — Ah, elle ne m'a pas
quitté. — Tiens (*Il retire une lettre de sa poche et lit :*) « Mon gros
» trésor. » — « tu as manqué à toutes les magnifiques pro-
» messes avec un enthousiasme qui fait honneur..... à ton
» économie — Tu t'es marié, ingrat — et moi, j'ai tant pleuré,
» que les parquets de mon appartement en ont subi des ava-
» ries considérables — Le propriétaire exige des réparations.

* Arthur, Thérèse, Colombier.
** Arthur, Colombier (assis).

» — Ma modeste fortune ne me permettant pas cette dépense,
» je suis obligée de me dessaisir en ta faveur de cinq char-
» mantes petites lettres, tout ce qui me reste de toi — 100 louis
» pièces, c'est pour rien — Mais fais-les prendre bien vite,
» bien vite... ou sinon... » .

COLOMBIER.

Eh bien ?

ARTHUR.

Eh bien, tandis que tu m'infligeais cette confidence, un
piano se mettait à chanter... et Mathilde avec lui !...

COLOMBIER, étonné.

Qu'est-ce que ma femme vient faire là ?

ARTHUR.

A ces accents... je te saisis la main... je saisis ton chèque
de 10,000 francs, je fis mon sac de nuit, je sautai en wagon...
et...

COLOMBIER.

Et ?...

ARTHUR.

Au bout de 74 minutes, j'entendis crier : Mantes ! Mantes !...
10 minutes d'arrêt...

COLOMBIER, impatienté.

Mantes à présent.

ARTHUR, en se levant.

Mantes la jolie !! — à cet appel... je bondis aussitôt !... hors
du wagon.

COLOMBIER, le suivant.

A Mantes !...?

ARTHUR.

Tu n'aurais pas bondi, toi !.. Et pourtant, c'est tout près de
là qu'elle est née !...

COLOMBIER.

Qui ?

ARTHUR.

Mathilde.

COLOMBIER.

Mais il n'est pas question.....

ARTHUR.

C'est ma cousine... (Avec émotion.) Nous avons été élevés ensemble. On m'a souvent raconté que nous faisions alors deux
bébés bien remarquables.

COLOMBIER.

Je veux bien — Après...

ARTHUR.

J'ai eu soif de revoir la propriété... J'ai reconnu les vieux arbres, j'ai reconnu les vieilles mousses, j'ai reconnu le vieux jardinier... (Par réflexion.) Non, au fait c'était un autre, un petit tout jeune, n'importe! — La pelouse, était toujours là... et puis la pièce d'eau ! (Changeant de ton.) Mathilde était très-forte pour son âge — Un jour elle me poussa dedans. J'y puisai une superbe indigestion — On n'oublie pas ces souvenirs-là !

COLOMBIER, impatienté.

Enfin tu as manqué le train.... (Il remonte.)

ARTHUR, très-tranquillement.

Je l'ai manqué huit jours de suite, plongé dans mes réflexions. (Avec un cri.) Ah ! j'ai même perdu mon sac de nuit qui n'était pas enregistré !

COLOMBIER, revenant en scène. *

Malheureux!!! Et mes lettres!!

ARTHUR.

Sois tranquille, nous y arriverons. (Reprenant.) Cette station d'ailleurs répondait à mon besoin de recueillement, décidé que j'étais à te faire une confession générale...

COLOMBIER, surpris.

A moi ?

ARTHUR.

Mon pauvre ami, tu n'as pas la moindre idée de l'œuvre à laquelle je me suis consacré, ici dans ta maison.

COLOMBIER.

Non.

ARTHUR.

J'avais une vocation — une vocation irrésistible et c'est toi qui l'as brisée.

COLOMBIER.

Moi.

ARTHUR.

Ma vocation, c'était d'épouser ma cousine.

COLOMBIER, avec un cri.

Mathilde!.. ma femme !!. Tu es amoureux de ma femme?..

ARTHUR.

Depuis l'âge de six ans et demi.

* Colombier, Arthur.

COLOMBIER.

Et c'est à moi que tu viens raconter..

ARTHUR.

Qui veux-tu que ça intéresse davantage?. Donne-moi un cigare. (Colombier lui donne son porte-cigares avec impatience.) D'ailleurs, sois tranquille, c'est un poëme intime dont Mathilde ne connaîtra jamais le premier hémistiche.

COLOMBIER, avec ironie.

C'est encore gentil de ta part.

ARTHUR, avec un soupir.

C'est égal, ô Colombier, pourquoi as-tu épousé ma cousine?..

COLOMBIER.

Ah! mais!...

ARTHUR.

Ce n'était pas ta cousine à toi!. Tu ne l'as jamais vue avec son grand chapeau de paille, sa petite jupe courte, et ses bras roses. Tu n'as pas assisté à son éclosion. Tu ne l'as pas vue tour à tour grandir, fleurir, resplendir, éblouir!!! — Tu ne l'as pas suivie dans tous ses progrès, et..... développements. (Avec mélancolie.) La seule étude consciencieuse que j'aie jamais faite!..   .

COLOMBIER.

Abrége, hein?

ARTHUR.

Si encore, elle s'était amourachée de quelque chose comme le Prince charmant des contes bleus. Un jeune homme tout simplement beau comme le jour, brave comme l'épée de Roland, spirituel comme l'Esprit et... orné de quelques arts d'agréments. — Je te le jure, Colombier, j'aurais été heureux de sa félicité.

COLOMBIER, se regardant avec complaisance.

Eh bien?

ARTHUR, très-discrètement.

Eh bien, mon ami, tu ressembles peut-être d'un peu loin à ce portrait-là... (Vivement.) Je serais désolé de te rien dire qui te fût désagréable. Eh bien, oui, tu es un bien bon gros garçon. — Assurément tu n'as rien de repoussant...

COLOMBIER, sautant.

Hein?.

ARTHUR.

Mais,....

COLOMBIER.

Mais quoi?

ARTHUR.

Ah! si j'avais pu supposer qu'on te trouverait suffisant!

COLOMBIER. *

Comment suffisant.

ARTHUR.

Encore une de ces délicatesses qui te sont inconnues... Eh
bien, oui!.. Si je ne me suis pas déclaré moi... c'est que devant elle je tremblais du sentiment de mon infériorité. Elle!
pour moi!! Cet ange, cette hermine!. Je résolus de reprendre
mes esprits... dans un long voyage... (Navré.) et à mon retour...

COLOMBIER, riant.

A ton retour, Mathilde était ma femme...

ARTHUR, très-sombre.

Elle était ta femme!... Pauvre Mathilde. Enfin ma carrière
était terminée à moi. Il ne me restait plus qu'un devoir, et
je me le suis imposé...

COLOMBIER.

Quel devoir?

ARTHUR.

Je me résolus dès lors à me sacrifier tout entier au bonheur de Mathilde.

COLOMBIER.

Tiens, comment cela.

ARTHUR.

Tu n'es pas sans connaître l'amitié célèbre qui unissait
Pétrarque à Laure — Celui-là lui composait des sonnets à
seule fin de lui faire supporter son mari.

COLOMBIER.

Ah! — supporter. Et alors?

ARTHUR.

Alors elle parvint à vivre assez tranquille au milieu de ses
onze enfants...

COLOMBIER, souriant.

Eh bien, mais dis donc, à ce compte-là, il n'était pas déjà
si insupportable ce monsieur.

ARTHUR, avec reproche.

Matérialiste. (Changeant de ton.) Eh bien, moi, ce détail m'a
toujours profondément chagriné.

* Arthur, Colombier.

COLOMBIER.

Bah !

ARTHUR, très-discrètement.

Assurément, mon ami. Je n'ai pas de conseil à te donner...
C'est égal vois-tu, Colombier, onze, c'est beaucoup.

COLOMBIER.

En effet.

ARTHUR, lui serrant la main avec effusion.

Oh! merci!... merci... pour elle — Tel est donc mon rôle
aujourd'hui. — Un Pétrarque... sans le moindre sonnet par
exemple.. mais à force de petits soins, de prévenances, de
gentillesses, j'essaierai d'atténuer les côtés fâcheux de ton caractère. Je serai pour Mathilde toutes les qualités qui te
manquent.. Alors peut-être, le temps aidant, et à force de se
faire illusion.....

COLOMBIER, l'interrompant.

Si nous revenions un peu à mademoiselle Jessy.

ARTHUR.

Tiens, je n'y pensais plus... C'est juste. De Mantes, je ne
fis qu'un saut chez cette demoiselle. Une maison fort belle,
escalier de pierre... des tapis, des rampes de velours... On
voit que ce n'était pas toi qui payais le loyer. Enfin, mon regard s'arrêtait déjà sur le cuivre étincelant de la sonnette...
lorsqu'une vision soudaine me cloua sur le seuil de cette
porte peinte en acajou !...

COLOMBIER.

Quelle vision ?

ARTHUR.

Le souvenir de Mathilde ! !

COLOMBIER, exaspéré.

Encore! !

ARTHUR.

Avais-je bien le droit de gaspiller ainsi sa fortune et pour
une œuvre aussi peu recommandable? Je ne le pensai
pas! !

COLOMBIER.

Imbécile!

ARTHUR.

C'est la réflexion que je me fis.. le lendemain. Cette fois le
timbre résonna vigoureusement.. La porte s'ouvrit... et...

COLOMBIER, respirant.

Ah !

ARTHUR.

Je me trouvai en face d'un amour de petite femme de chambre — Mademoiselle Jessy, s'il vous plaît ? — Ah monsieur, comme c'est fâcheux — Quoi donc mademoiselle?.. — Madame vient de partir à l'instant même — Pour ?.. — La campagne, monsieur. — Où ? — Chemin fer de l'Ouest!.

COLOMBIER, bondissant.

Grand Dieu !

ARTHUR.

Je fus saisi du même frisson, mais comme je ne désespérais pas de la retrouver dans le wagon des fumeurs : — Son portrait, m'écriai-je — La soubrette se méprit sur mes intentions — Mon Dieu, monsieur, me répondit cette jeune fille, — madame n'est pas mieux que moi.. Oh, non !... Et si je pouvais seulement attraper son petit air... — Quel petit air ? — Oh ! monsieur, quand on ne la connaît pas, ce serait à la coiffer d'oranger tout le temps !

COLOMBIER, haussant les épaules.

Allons donc.

ARTHUR.

Je te répète l'opinion de sa femme de chambre..... qui ne se connaît peut-être pas beaucoup en oranger.

COLOMBIER.

Enfin, mademoiselle Jessy court après moi...

ARTHUR.

C'est malheureusement probable.

COLOMBIER, furieux.

Ecoute, Arthur, s'il arrive... (On entend sonner.) Ah ! mon Dieu, on sonne.

ARTHUR.

On sonne.. Je suis fort inquiet... (Le poussant.) mais va donc voir.

COLOMBIER, menaçant.

Si c'est elle...

ARTHUR.

Oui.. cours donc.

COLOMBIER.

Si c'est elle !..

ARTHUR, le poussant dehors.

Veux-tu te dépêcher.

COLOMBIER.

Animal ! —

Il sort en courant par la droite.

SCÈNE VI

ARTHUR, puis THÉRÈSE

ARTHUR, criant après lui.

Ingrat ! (Changeant de ton.) Je comprends son angoisse. (Regardant.) Voyons donc. Ah l'imbécile, c'est le facteur ! Quelle pauvre tête! Ce garçon-là est mesquin en tout. (Essayant d'allumer son cigare.) même dans ses cigares — ce tabac... (Il tire les feuilles qui se déroulent.) (Avec indignation.) Et il ose faire fumer ces cigares-là à Mathilde !! Ah ! non, je suis bête!... (Ouvrant le porte-cigares.) Ils ont tous l'air aussi mauvais. (Le porte-cigares lui échappe et tombe.) Ah bien!... il ne manquait plus que de les casser. (Il ramasse le porte-cigares — avec un cri.) Un secret... (Il en retire la photographie.) Avec une demoiselle en toquet. Ah! le misérable, il la conservait là sur son cœur, et dans quel écrin ? (Montrant le porte-cigares.) Un cadeau de Mathilde assurément! (S'adressant à la photographie.) Effrontée, va. (L'examinant.) C'est-à-dire.... elle avait raison la petite bonne, si on ne jurerait pas une vraie ingénue. Mais on imite si bien l'ingénuité à présent.

THÉRÈSE, entrant de droite.

On peut desservir, monsieur Arthur ? *

ARTHUR

On le peut, Thérèse, on le peut. (On entend sonner, tressaillant.) Encore! on sonne donc toute la vie ici?

THÉRÈSE.

Madame, probablement.

ARTHUR, avec extase.

Elle !.. C'est elle...

THÉRÈSE, regardant.

Non, au fait, j'aperçois bien une jupe!

ARTHUR.

Une jupe!!

THÉRÈSE.

Mais ce n'est pas la toilette de madame. (On sonne plus fort.) Ah ! décidément il n'y a personne. (Elle va pour sortir.) Je vais...

ARTHUR, l'arrêtant.

Une jupe!.. n'y va pas...

THÉRÈSE.

Mais, monsieur.

* Arthur, Thérèse.

ARTHUR.

Je te le défends.. sur ta tête, entends-tu.. sur ta tête.

Il sort en courant par la droite.

SCÈNE VII

THÉRÈSE, puis LUCILE, MISS...

TRÉRÈSE.

Sur ma tête! Ah le cousin de madame, je l'ai toujours dit. (Se touchant le front.) C'est lui qui a quelque chose là.

LUCILE, elle paraît à la petite porte du fond. *

Thérèse.

THÉRÈSE.

Mademoiselle Lucile!!!

LUCILE.

Eh bien oui, c'est moi.

THÉRÈSE.

Mademoiselle Lucile. Oh, que je suis contente !

LUCILE.

Moi aussi, Thérèse, je suis bien contente, mais embrasse-moi donc!..

THÉRÈSE.

Oh oui. (L'embrassant.) Là !

LUCILE.

Attends un peu (Allant à la porte.) Veuillez entrer, miss, je vous prie ; nous sommes arrivées...

MISS, entrant, type de gouvernante anglaise.

Oh oui, très-bien. **

LUCILE.

Miss. C'est Thérèse, ma sœur de lait... (A Thérèse.) Thérèse, c'est Miss Panbroker, une personne bien respectable qui a consenti à m'accompagner jusqu'en France.

THÉRÈSE, s'embrouillant.

Certainement, miss... assurément.. bien sûr...

MISS.

Oui.... oui, très-bien.

On installe miss sur le banc.

THÉRÈSE, à Lucile.

Vous ne vouliez donc pas nous revenir?...

LUCILE.

Oh! pas tout de suite.. Comprends-tu monsieur mon frère qui se marie sans me consulter ?

* Lucile, Thérèse.
** Miss, Lucile, Thérèse.

THÉRÈSE.

C'est mal ça.

LUCILE.

Et.. dis-moi, Thérèse. Mathilde.. elle est laide n'est-ce pas?

THÉRÈSE.

Oh non.

LUCILE.

Ah... Alors, elle est mauvaise... (Vivement.) Ne dis pas non, j'en suis sûre... Ce n'est pas qu'elle ne m'ait écrit des petites lettres très-gentilles. Mais c'est pure hypocrisie (Riant.) Aussi tout à l'heure j'ai cru qu'elle ne voulait pas me faire ouvrir...

THÉRÈSE.

C'était donc vous?

LUCILE.

Oui, heureusement, j'ai aperçu la petite porte entr'ouverte, et j'ai reconnu ta voix — à présent j'en suis bien aise. J'avais si peur que ce fût cette dame qui me reçût la première... Aussi écoute, Thérèse.

THÉRÈSE.

Mademoiselle...

LUCILE.

C'est monsieur mon frère avec qui je veux causer d'abord. Tu le préviendras quand je te le dirai, pas avant.

THÉRÈSE.

Très-bien, mademoiselle.

LUCILE.

Oui, mais en attendant, où me cacher?

THÉRÈSE, montrant la gauche.

Tenez, là, le petit pavillon, c'est le cabinet de travail de monsieur. Il n'y met jamais les pieds.. ainsi..

LUCILE.

Oui... oui... Ah ! mon Dieu..

THÉRÈSE.

Quoi donc?

LUCILE.

Un jeune homme, tiens...

THÉRÈSE.

C'est monsieur Arthur, le cousin de madame.

LUCILE.

Son cousin, ne dis pas que c'est moi, dis... ce que tu voudras.

THÉRÈSE.

Soyez tranquille.

SCÈNE VIII

LES MÊMES, ARTHUR. *

ARTHUR.

Personne, c'était une jupe qui se trompait de porte. (Apercevant Lucile.) Miséricorde! (Appelant.) Thérèse!

THÉRÈSE.

Monsieur...

ARTHUR, bas.

Qu'est-ce que c'est que ça?

THÉRÈSE.

Mais... des dames.

ARTHUR, en passant derrière elle. **

Merci. Je l'aurais deviné... Tu les connais?

THÉRÈSE.

Non.

ARTHUR, avec violence.

Tu ne les connais pas!!..

THÉRÈSE, se reprenant vivement.

Ah si, c'est-à-dire... vous savez bien... C'est pour... Eh bien oui... elles viennent pour le champ de luzerne à côté... vous savez...

ARTHUR.

Tu m'étonnes... (Il s'approche de Lucile qui lui tourne la tête.) Si jeune... et déjà songer à la luzerne!

LUCILE, se retournant.

Monsieur?...

ARTHUR, il pousse un cri.

Ah! nous voilà bien! (Bas à Thérèse.) Petite misérable va. (Tombant sur un fauteuil qui est à droite du guéridon.) La demoiselle au toquet... ornée de sa mère!...

LUCILE, courant à lui.

Vous souffrez, monsieur.

ARTHUR, se levant vivement.

Non, merci... mais je ne m'attendais pas sitôt au plaisir .. et puis la présence de madame votre mère...

LUCILE, à part.

Ah, il prend cette pauvre miss... (Haut, riant.) Pardon, monsieur, mais madame ma mère est une demoiselle.

---

* Mathilde, Lucile, Thérèse, Arthur.

** Mathilde (assise), Lucile, Arthur, Thérèse.

ARTHUR.

Ah ! (A part.) Je n'aurais jamais osé le lui dire.

LUCILE, à part.

Il est singulier ce jeune homme.

ARTHUR, retirant le portrait de sa poche, et le comparant.

C'est parfaitement ça.

LUCILE, qui aperçoit la carte.

Oh ! (Courant à Thérèse.) Mais c'est mon portrait qu'il a, ce monsieur. *

THÉRÈSE, étonnée.

Ah... c'est probablement madame.

LUCILE.

Elle est sans gêne Madame... (à Arthur d'un ton très-décidé et avec un peu d'impatience.) Eh oui, monsieur, c'est moi ! c'est bien moi. Mais puisque, par suite d'une indiscrétion des plus regrettables, vous savez maintenant qui je suis, vous saurez aussi que pour des raisons qui me sont personnelles, je tiens absolument à ce que mon arrivée soit tenue secrète à madame Colombier. Je compte sur votre délicatesse, monsieur, sur votre oyauté... Je vous salue... miss. Viens, Thérèse. (Très-sèchement.) Je vous salue.

Elles sortent toutes trois par la gauche.

SCÈNE IX

ARTHUR, puis MATHILDE.

ARTHUR, abasourdi.

Ma délicatesse... ma loyauté... Mais elle s'installe... elle s'installe... ah, nous allons voir... (Regardant de l'autre côté.) Mathilde la voilà,.. Mathilde ! (Avec admiration.) Comme elle marche bien !

MATHILDE, l'apercevant. **

Arthur ! vous voilà donc... Enfin !

ARTHUR.

C'est moi, Mathilde... Mais que cet enfin est doux et comme vous le prononcez avec charme ! (A lui-même.) Comme elle dit bien enfin !

MATHILDE, très-nerveuse tout le temps de la scène.

Savez-vous ce qui m'arrive ?

ARTHUR.

Dites.

____

* Miss (assise), Thérèse, auprès d'elle, Lucile, Arthur.
** Arthur, Mathilde.

MATHILDE.
Une querelle !.. mon mari vient de me faire une querelle !

ARTHUR, indigné.
Il a osé...

MATHILDE.
Il a osé me dire en toutes lettres que j'étais insupportable.

ARTHUR, vivement.
J'espère que vous n'en croyez pas le premier mot... Mathilde...

MATHILDE, passant devamt lui.
Mais qu'il y prenne garde... je le deviendrai... *

ARTHUR, avec chagrin à part.
Comme il me l'a changée, déjà.

MATHILDE.
Heureusement vous voilà et je vais tout savoir.

ARTHUR.
Comment tout ?

MATHILDE.
Oh, je n'en demande pas davantage.

ARTHUR.
Je le crois. Beaucoup de femmes sont comme vous d'ailleurs... Mais...

MATHILDE, caline.
Voyons, est-ce que nous ne sommes plus les bons camarades d'autrefois ?

ARTHUR.
Oh ! toujours.

MATHILDE, elle croise ses deux mains sur l'épaule d'Arthur.
Alors quand j'avais du chagrin... vous aviez le cœur encore plus gros que le mien.

ARTHUR, s'attendrissant.
Oui...

MATHILDE.
Et vous me disiez : « ma petite cousine. »

ARTHUR, de même répétant.
Ma petite cousine.

MATHILDE.
Ne pleure plus.

ARTHUR, pleurant presque.
Ne pleure plus.

MATHILDE.
Et vous voyez bien qu'aujourd'hui j'ai un chagrin véritable. (Elle porte son mouchoir à ses yeux.)

* Mathilde, Arthur.

ARTHUR, *pleurant.*

Quand je disais qu'il la rendait malheureuse ! !

MATHILDE, *un peu inquiète.*

Arthur, une pareille affliction n'est pas naturelle. Vous m'effrayez, c'est donc bien épouvantable ?

ARTHUR.

Non... rien... les nerfs.

MATHILDE.

J'aurai du courage, mon ami, avouez-le... (*Avec éclat.*) mon mari me trompe.

ARTHUR, *très-tranquillement.*

Non, pour le moment, je ne crois pas que ce soit son intention.

MATHILDE.

Comment ! pour le moment...

ARTHUR.

Mon Dieu, Mathilde, si vous étiez une femme ordinaire, mon premier devoir serait de combattre chez vous jusqu'à l'ombre d'un soupçon... mais...

MATHILDE.

Mais...

ARTHUR.

Une intelligence comme la vôtre est au-dessus de ces grossiers artifices. (*Légèrement.*) Au fond, ce n'est pas sérieux, et si Colombier eut un instant d'égarement...

MATHILDE.

Hein !..

ARTHUR.

Ce n'est pas un méchant homme, ses remords le prouvent...

MATHILDE.

Des remords...

ARTHUR, *lui prenant la main.*

Sans doute, vous ne trouverez jamais en lui ce grand et pur idéal... que vous aviez rêvé peut-être...

MATHILDE.

Comment?

ARTHUR.

C'est la faute de sa nature, ce n'est pas la sienne. Vous en souffrirez beaucoup encore probablement.

MATHILDE.

C'est encourageant.

ARTHUR, la regardant avec un soupir.

D'autres souffrent aussi... sans espoir. J'ai souvent devant les yeux un exemple navrant de cette situation.

MATHILDE, curieuse.

Où donc?

ARTHUR, avec conviction.

Sur ma cheminée ! — Un berger et une bergère... en porcelaine de Saxe, oui, avec les petites épées bleues en dessous. — Le berger caresse un petit oiseau et contemple la bergère. — La bergère traîne un mouton couleur de rose et contemple le berger... Des regards à faire fondre des bougies — Un obstacle matériel les sépare — Une grosse bête de potiche — Mais impossible de la déplacer — La régularité s'y oppose.

MATHILDE, impatientée.

Eh ! il est bien question de chinoiseries...

ARTHUR.

Mais...

MATHILDE, avec violence.

Et cette femme... cette visite...

ARTHUR, vivement.

Vous savez...

MATHILDE, triomphant.

Ah! vous voyez... (S'approchant de lui.) Vous le savez aussi, j'ai été très-gâtée, la moindre contrariété est pour moi l'égale d'une grande douleur.

Elle lui entoure le cou de ses bras.

ARTHUR.

Calmez-vous...

MATHILDE.

Tenez..... les palpitations déjà. — Le nom de cette femme, Arthur?

ARTHUR, très-troublé.

Mathilde...

MATHILDE.

Les tempes me battent... son nom...

ARTHUR, de même.

Mathilde...

MATHILDE.

Son nom, son nom... Ah ! je me trouve mal...

Elle se laisse aller dans les bras d'Arthur.

ARTHUR, effrayé.

Mathilde, Mathilde! (L'admirant.) Quelle jolie syncope!... Je ne la connaissais pas sous cet aspect.

SCÈNE X

ARTHUR, MATHILDE, COLOMBIER.

COLOMBIER, entrant par la droite.

Eh bien! à la bonne heure!

ARTHUR.

Tais-toi donc... Tu n'aurais pas un peu d'eau de mélisse...

COLOMBIER, criant.

Madame!

MATHILDE, se redressant subitement.

Monsieur!

COLOMBIER.

Mais je vous défends de vous évanouir dans les bras de votre cousin.

MATHILDE, furieuse.

Et je vous défends moi, d'avoir des intrigues. *

COLOMBIER.

Moi, j'ai des...

MATHILDE.

Je sais tout.

Elle marche avec agitation.

ARTHUR, bas, très-vite à Colombier. **

Rien.

COLOMBIER, criant.

Ah!mais c'est la guerre que vous voulez. Eh bien!.....

Mathilde lui tourne le dos en haussant les épaules.

ARTHUR, bas à Colombier.

Crie un peu plus fort — Elle va arriver.

COLOMBIER.

Qui?

ARTHUR.

Elle.

COLOMBIER.

Ici?

ARTHUR, désignant le pavillon.

La porte en face! Emmène Mathilde.

COLOMBIER, d'un ton très-doux.

Voyons... j'ai tort — Mathilde... toi qui es bonne.

MATHILDE, furieuse.

Oui, je suis bonne. (Elle casse un vase qui est sur la table.) Oui, je

* Arthur, Mathilde, Colombier.
** Arthur, Colombier et Mathilde.

suis douce. (Elle met en pièces un bouquet.) Oui, je suis indulgente.
(Elle déchire son mouchoir.) Mais, un pareil affront... chez moi!...
Ah!... tenez, si j'apercevais seulement la trace d'un pas de
cette créature... (Arthur et Colombier ratissent vivement le sable avec leurs
pieds. — Éclatant de rire.) Messieurs les bourgeois, vous voulez sin-
ger les Richelieu, les Lauzun. (Menaçante.) Mais, prenez garde,
monsieur, je me vengerais, moi, je me vengerais, oh! oui,
je me vengerais...

Elle sort rapidement en lui jetant le bouquet au nez.

COLOMBIER.

Mais voyons, Mathilde, voyons, voyons...

Il sort après elle.

SCÈNE XI

ARTHUR, puis LUCILE.

ARTHUR, suivant Mathilde des yeux.

Superbe! une lionne, une lionne! (Riant.) La colère l'abuse.
Colombier, un Richelieu, un Lauzun! (Inquiet.) Oui, mais une
vengeance, a-t-elle dit, une vengeance... Ah! j'en souffri-
rais plus que lui. — Mais sois tranquille, Mathilde, tu ne la
verras jamais, cette femme... (Avec énergie.) et quand elle devrait
sauter par-dessus ces murailles.

LUCILE, qui est arrivée derrière lui, à petits pas.

Monsieur Arthur!.. *

ARTHUR, tressaillant, à part.

Mon petit nom, déjà...

LUCILE.

C'était Mathilde, n'est-ce pas?

ARTHUR, à part, très-froissé.

Mathilde! Elle est familière!

LUCILE.

Elle est bien plus jolie que je ne croyais.

ARTHUR.

Ah! c'est encore heureux!

LUCILE, elle imite les grands gestes de Mathilde.

Oui, mais je l'apercevais tout à l'heure... Elle n'a pas l'air
bon.

ARTHUR, à part.

Oh! si j'essayais de l'intimidation. (Haut.) En effet, mademoiselle, madame Colombier est une femme d'une rare énergie... et je ne conseillerais pas..

* Lucile, Arthur.

LUCILE, avec chagrin.
Mon pauvre Henri qui est si doux !..

ARTHUR, avec ironie.
Vous plaignez Colombier.

LUCILE, en passant à droite.
Il souffre de ce caractère-là, allez. Ah ! je sais mieux qu'elle comment il a besoin d'être aimé ! *

ARTHUR, ironique.
Je ne le conteste pas, mademoiselle.

LUCILE, avec un soupir.
Enfin ! j'avais prévu tout cela...
Elle s'assied sur le fauteuil à droite de la table.

ARTHUR.
Pardon, vous vous asseyez?

LUCILE.
Eh bien ?

ARTHUR.
Mon Dieu ! c'est que tout à l'heure vous sembliez désireuse de ne pas rencontrer madame Colombier. Or, si vous restez là...

LUCILE.
Oh, maintenant, ça m'est égal.

ARTHUR.
Ah !

LUCILE.
Oui, maintenant que je vous connais...

ARTHUR, à part.
Elle fait vite connaissance.

LUCILE.
Vous me présenterez.

ARTHUR, avec un cri.
Moi !

LUCILE.
Vous refusez ?

ARTHUR.
Assurément, cette présentation ne manquerait pas d'imprévu. (D'un ton délibéré.) Ah ça, ! voyons... ma...

LUCILE, le regardant fixement.
Ma ?

* Arthur, Lucile.

ARTHUR, tout interdit.

Ma... demoiselle... (A part.) C'est singulier, j'allais dire ma petite... je n'ai jamais pu.

LUCILE.

Vous avez l'air tout embarrassé.

ARTHUR, la regardant.

Un peu, je vous avoue .. (A part.) c'est vrai, devant ces yeux si clairs, si brillants... (Changeant de ton.) mais il y a tant de brillants si drôlement portés aujourd'hui.

LUCILE, se levant et venant à lui.

Dites-moi donc, monsieur Arthur, comment se fait-il que vous ayez mon portrait?

ARTHUR.

Votre.. ah oui.. c'est Colombier, ou plutôt, non, c'est moi... Enfin n'importe.. mais chargé pour vous d'une mission de confiance et pour être sûr de ne pas me tromper...

LUCILE, étonnée.

Une mission?..

ARTHUR.

Colombier m'avait prié d'aller à votre rencontre...

LUCILE.

Vous? pourquoi pas lui?

ARTHUR.

Mon Dieu! c'est que redoutant votre mécontentement bien légitime...

LUCILE, riant.

Comment? c'est à ce point-là?

ARTHUR.

Et reconnaissant tous ses torts... Il les reconnaît tous, mademoiselle.

LUCILE, vivement.

Oh! mais je pardonne, monsieur, je pardonne...

ARTHUR.

Merci pour cette bonne parole. D'ailleurs, madame Colombier ne vous a rien fait, elle !..

LUCILE.

Mathilde ?..

ARTHUR, à part, fâché.

Encore.

LUCILE.

Mathilde ! — non. Cependant... je ne sais pas pourquoi

je vous raconte tout ça.. mais il me semble que nous deviendrons bons amis... Il ne faut pas le répéter. Eh bien, j'en ai été jalouse de Mathilde ; c'est un enfantillage — mais on n'est pas maîtresse de ces sentiments-là — Quand j'ai su que Henri l'épousait, je me suis dit : je ne serai plus la seule qu'il aimera et cela m'a fait beaucoup de peine — Mais j'avais tort, parce que ça n'est pas vrai du tout, vous savez... Car vous voyez comme il est encore gentil pour moi. Et je vois bien, moi aussi, qu'il me garde dans un petit coin de son cœur, si tendrement blottie, qu'il n'y a pas de danger que je m'en échappe jamais.

ARTHUR, attendri.

Jamais, mademoiselle, jamais. (A part, avec épouvante.) Mais, je l'encourage... moi, je l'encourage... Mon Dieu, comme elles sont dangereuses. (Haut avec résolution.) Au reste, mademoiselle, voici pour lever tous les doutes.

Il fouille dans sa poche.

LUCILE.

Un cadeau d'Henri...

ARTHUR.

Oh ! vous savez mieux que moi...

LUCILE.

Je ne me rappelle pas...

ARTHUR, à part, en passant devant elle *.

Ah! mon Dieu, est-ce qu'elle voudrait augmenter ses prix... (Haut, vivement.) C'est parfaitement exact, mademoiselle. et... (Fouillant toujours.) Que diable ai-je fait de son chèque, moi. (Première poche.) Hein. (Deuxième poche.) Non. (Troisième poche.) Rien, (Avec un cri.) Ah ! ça n'arrive qu'à moi, ces histoires-là.

LUCILE.

Quoi donc ?

ARTHUR, désolé.

Je l'ai laissé dans le sac de nuit ! ! !

LUCILE.

C'est fâcheux.

ARTHUR, vivement.

Mais prenez mon bras, mademoiselle.

LUCILE, lui prenant le bras.

Nous allons ?

ARTHUR.

A Paris. On doit l'avoir consigné à la gare... de cette façon...

* Lucile, Arthur.

LUCILE, se dégageant.

Grand merci ! c'est un peu loin ; j'attendrai.

ARTHUR, à part.

Elle ne va plus vouloir s'en aller à présent ; je ne peux cependant pas la prendre par le bras. (La regardant avec amour.) Je n'aurais jamais ce cœur là. — (Changeant de ton.) Et puis elle se défendrait. (Comme par inspiration.) Ah !

LUCILE, curieuse.

Quoi donc ?

ARTHUR.

C'est une idée. (A part, la regardant.) Au fait... qui donc m'empêche de l'enlever.., sans violence..

LUCILE.

Elle a l'air gai, votre idée.

ARTHUR.

Assez... et si...

LUCILE.

Eh bien !...

ARTHUR, s'arrêtant plein d'hésitation.

Mon Dieu ! mademoiselle, c'est que j'ai été excessivement bien élevé.

LUCILE.

Où est le mal ?

ARTHUR.

Le mal n'est pas considérable. Mais alors devant une demoiselle, il m'est toujours impossible de sortir d'une certaine réserve..

LUCILE.

Plaît-il ?

ARTHUR.

Si bien que vous me trouvez gauche...

LUCILE, poliment.

Oh ! (Changeant de ton.) A votre tour, répondez-moi, Henri vous parlait donc de moi bien souvent ?..

ARTHUR.

Tout le temps, mademoiselle, tout le temps... et...

LUCILE, froidement.

C'est très-bien — je vous remercie. (A part.) cela et mon portrait — voilà qui est clair.

Elle l'examine curieusement en passant devant lui.

ARTHUR, gêné par son regard *.

Aurais-je quelque chose d'inusité ?

* Arthur, Lucile.

LUCILE.

Non rien. *(A part.)* C'est un prétendu (Haut, en riant.) Oh ! je comprends maintenant, je comprends très-bien.

ARTHUR, joyeux.

Vraiment? Allons, tant mieux, tant mieux. (D'un ton dégagé.) Eh bien ! qu'est-ce que vous en pensez?

LUCILE.

Comment, ce que j'en pense?

ARTHUR.

Voyons, mademoiselle, vous avez plus que moi, l'expérience de ces situations-là.

LUCILE.

Moi.

ARTHUR.

Oui, j'avoue toute mon infériorité. Vous seriez si charitable de m'encourager un petit peu...

LUCILE.

Ah! bien, par exemple !

ARTHUR.

Et puis.. *(A part.)* O Mathilde! (Haut.) Si vous saviez quelle bonne action vous m'aideriez à accomplir. Un seul mot, mademoiselle, un seul, et vous assurez le bonheur et la tranquillité d'un ange !

LUCILE, le regardant.

Vous êtes un ange?

ARTHUR.

Hein ? non, ce n'est pas moi.

LUCILE.

Qui donc alors? (Elle lui rit au nez.) Mais ne rougissez pas, monsieur, ce n'est pas un mal d'être timide.

ARTHUR.

Non, n'est-ce pas?

LUCILE.

Aussi, je gage que pour ma part, vous me reprochez de ne pas l'être assez. C'est vrai que vous avez l'air plus jeune fille que moi.

ARTHUR, embarrassé.

Mon Dieu! mademoiselle, il est possible qu'à de certains points de vue...

LUCILE.

Vous dites...

ARTHUR.

Rien du tout, mademoiselle, continuez.

LUCILE.

Mais vous savez... j'ai été élevée en Angleterre.

ARTHUR, souriant.

Je sais, mademoiselle, je sais...

LUCILE.

Et vous savez aussi que les jeunes personnes y ont plus de liberté qu'ici. Vous souriez?...

ARTHUR.

Les.. jeunes personnes — oui, enfin, si vous voulez. (Apercevant Lucile qui est allée s'asseoir à gauche de la table et a pris une tapisserie.) Ah! mon Dieu!

LUCILE.

Quoi donc?

ARTHUR.

La tapisserie de Mathilde! ·

LUCILE.

Eh bien?

ARTHUR, à part.

Entre ses mains... profanation!

Il va pour la lui reprendre et n'ose pas.

LUCILE, le regardant.

Est-ce que vous savez faire la tapisserie?

ARTHUR, très-vexé.

Moi, non!

LUCILE.

Pardon, je croyais... Oh! ne vous fâchez pas, j'ai bien connu un amiral qui m'a montré tout un petit salon qu'il avait brodé.

ARTHUR.

Un amiral! (Avec une nuance de respect.) Vous avez connu un amiral! (Avec amertume.) marié?

LUCILE.

Sans doute.

ARTHUR.

Sans doute.. (Avec un soupir.) Oui! (A part.) Elle n'a pas conscience de ses énormités.

LUCILE, regardant la tapisserie.

Tiens! au fait, elle est comme vous, Mathilde!

ARTHUR, *avec feu.*

Oh! oui!

LUCILE.

Elle ne sait pas faire la tapisserie.

ARTHUR, *indigné.*

Hein? (*Avec dignité.*) Vous blasphemez, mademoiselle.

LUCILE, *se levant.*

Voyez donc, voyez... ou plutôt... oh! qu'est-ce qu'elle a
donc? — Voulez-vous que nous cherchions tous les deux?

ARTHUR.

Cherchons. *

LUCILE.

Regardez!... trois points sautés, grande préoccupation.. Ça,
c'est tout au commencement. (*Mesurant la tapisserie.*) Voilà au
moins deux semaines.

ARTHUR, *surpris.*

En effet.

LUCILE, *continuant.*

Après, des points serrés, serrés, serrés. On voit le jour
au travers du canevas. Inquiétude.

ARTHUR, *à part.*

Mais c'est une tireuse de cartes.

LUCILE.

Des laines cassées, à présent. Colère!. Et puis quel fouillis
de couleurs — décidément, elle a quelque chose, Mathilde.
(*Curieuse.*) Quoi donc?

ARTHUR, *indigné.*

Et c'est vous qui le demandez!

LUCILE.

Comment! c'est à cause de moi!.. Elle est donc sotte?

ARTHUR.

Elle!!! Vous me faites cruellement souffrir, mademoiselle.
— Aussi bien, vous rompez toutes mes hésitations. (*Avec résolution.*) Veuillez jeter sur moi un instant l'éclair de vos jolis
yeux.

LUCILE, *un peu confuse.*

Monsieur!

ARTHUR, *à part.*

Tiens! ça n'est pas mal ça. Oh! je m'y ferai. (*Haut.*) Je n'ai
pas une idée exagérée de ma beauté, mademoiselle. Je suis
— mettons ordinaire, comme sur un passe-port.

* Lucile, Arthur.

LUCILE.

Mettons... mettons ordinaire, oui, monsieur.

ARTHUR, à part.

Le compliment est sec. (Haut.) Ma fortune est mieux que moi — Elle est agréable.

LUCILE, souriant.

Ah !

ARTHUR, à part.

Elle sourit... Oh! ces petites dents de requin... (Haut, avec intention.) Je suis certain que vous m'aideriez à en faire un placement avantageux.

LUCILE.

Mais ce sont vos affaires, monsieur.

ARTHUR, embarrassé.

Je vous le répète, je n'ai pas la moindre initiative, et...

LUCILE.

Mais, monsieur, depuis une demi-heure que vous me répétez... je ne sais pas... je ne sais pas.. en vérité, vous n'avez pas l'air de savoir grand'chose.

ARTHUR.

C'est l'opinion que j'ai eu l'honneur de vous exprimer.

LUCILE, à part.

Oh! mais il se moque de moi. (Haut, railleuse.) Alors, ·monsieur, vous êtes un peu grand, déjà... c'est vrai... Enfin, il n'est jamais trop tard. On pourrait vous donner encore une institutrice.

ARTHUR, avec intention.

J'y songeais, mademoiselle.

LUCILE, riant.

Vraiment! allons, vous avez au moins un bon caractère... Maintenant, s'il vous plaisait de causer sérieusement...

Elle va vers le banc.

ARTHUR, s'asseyant près d'elle. — Après un silence.

Et vous ne me refuserez pas vos conseils?

LUCILE.

Pas du tout.

ARTHUR

D'ailleurs, le vertueux Mentor lui-même n'était, vous le savez, qu'une institutrice déguisée.

LUCILE.

Oh! je ne suis pas Minerve!

ARTHUR, étonné.

Vous connaissez Minerve !

LUCILE.

Il est certain que je ne l'ai jamais rencontrée. Cependant...

ARTHUR, à part.

Elle a quelque teinture des lettres.

LUCILE.

Cependant, il me semble qu'à sa place, j'aurais à vous dire qu'il manque quelqu'un entre nous deux.

ARTHUR.

Qui donc?

LUCILE.

Mais, Henri, j'imagine... Êtes-vous bien sûr d'avoir son consentement?

ARTHUR, abasourdi.

Son.. le... de Colombier? (A part, la regardant.) C'est le monstre de l'ingénuité.

LUCILE.

Vous ne répondez pas ?

ARTHUR, à part.

Quel joli petit monstre! (Haut, vivement.) Ne craignez rien, j'ai ses pleins pouvoirs, mademoiselle.

LUCILE, se levant.

Pouvoir, un mot qui me déplaît... je vous préviens.

ARTHUR, la faisant rasseoir vivement.

Je le retire... Et puis, je n'ai pas de moi une opinion exagérée, vous l'avez vu..... mais auprès de Colombier, je puis passer pour une perle du plus bel orient.

LUCILE, fâchée, se levant.

Ah! pardon, monsieur, si vous ne voulez pas que nous nous fâchions sérieusement, vous ne plaisanterez plus au sujet de ce nom-là.

Elle se dirige vers la droite.

ARTHUR, la retenant.

De grâce! ne nous fâchons pas! (Avec un soupir.) Oui, je vois que malgré... ses injustices — comme on dit dans le grand répertoire, — vous l'aimez toujours.

LUCILE, rêveuse.

Qui donc me resterait-il à aimer?

ARTHUR, vivement.

N'engageons pas l'avenir, mademoiselle...

* Arthur, Lucile.

LUCILE, souriant.

Soit. (Triste.) Mais vous êtes bien heureux, vous, monsieur, vous ne vous êtes pas trouvé seul, presque enfant, la mort ayant tout pris autour de vous, les baisers d'autrefois et les caresses envolées — C'est Henri qui m'a dit alors « ne pleure plus » — Oh ! il m'a bien gâtée, allez — Et depuis, s'il m'a fait une existence un peu plus triste... c'est vrai — oh! je ne lui en veux pas, je sais bien que ce n'est pas sa faute.

ARTHUR, très-ému.

Ah !

LUCILE.

Qu'avez-vous donc?

ARTHUR, après un silence, se levant.

Laissez-moi marcher un peu, je vous prie, mademoiselle. (Il se promène à grands pas *. — A lui-même.) Pauvre enfant ! Quel misérable homme, ce Colombier — Il lui tombe un petit ange dans les mains... et... (Regardant Lucile.) Je suis sûr que ses ailes tiennent encore...

LUCILE, très-curieuse.

Mais quoi donc?

Elle se rapproche.

ARTHUR, avec conviction.

Je vous les rattacherai mademoiselle, mais... je vais vous sembler bien indiscret. Un seul aveu — Avouez-moi que cette existence-là vous semblait bien affreusement triste.

LUCILE.

Il est certain qu'elle n'était pas bien gaie.

ARTHUR, avec un cri.

Ah ! vous ne savez pas tout le bien que vous me faites.

LUCILE, étonnée.

Non! (Gaiement.) Mais, j'ai de la patience... j'attendais...

ARTHUR, à part.

Qui?... Je n'ose pas le lui demander... (Avec un grand élan.) Ah! tant pis!... Eh bien, je vous le jure, tout cela ne sera plus qu'un mauvais rêve, mademoiselle.

LUCILE, un peu effarouchée.

Mais, monsieur...

ARTHUR, s'enlevant.

Je vous ferai découvrir des horizons nouveaux... et après tant d'agitations, je vous montrerai les forêts silencieuses, les

* Lucile, Arthur.

plaines profondes, les lacs tranquilles, et... (Lucile le regarde en riant.) Ah ! bien, — si vous recommencez à rire ?

LUCILE, gentiment.

C'est de bonne amitié, croyez-le...

ARTHUR, reprenant son ardeur.

Alors, mademoiselle...

LUCILE.

Alors, je m'en vais.

Elle remonte.

ARTHUR.

Comment ?

LUCILE, très-tranquillement.

(Tirant sa montre.) Vous ne savez donc pas quelle heure il est ?...

ARTHUR.

Moi, non.

LUCILE.

Trois heures... Et cette pauvre miss... qui n'a pas goûté.

ARTHUR.

Miss... qui ça ?

LUCILE.

Qui était avec moi.

ARTHUR.

Ah ! oui, oui... (A part.) Une levrette probablement (Haut, d'un ton de reproche.) Et c'est pour miss que vous me quittez ?

LUCILE, mouvement pour sortir.

Oui. (Revenant) Voyons, monsieur Arthur, je vous ai bien regardé ; je vous écoute depuis longtemps — Je n'ai pas toujours compris, et je ne sais pas encore... Cependant, vous me paraissez modeste...

ARTHUR, étonné.

Oh !...

LUCILE, continuant.

Oui. Tout à l'heure, quand je vous ai parlé de moi, il m'a semblé voir quelque chose comme une larme dans vos yeux...

ARTHUR, vivement.

Plusieurs, mademoiselle, plusieurs...

LUCILE.

Ainsi, vous n'êtes pas méchant !...

ARTHUR.

Moi!

LUCILE, le regarde.

Eh bien! monsieur. . modeste... pas méchant... C'est quelque chose, c'est quelque chose. (Gentiment.) Au revoir, monsieur.

ARTHUR.

A l'honneur de vous revoir, mademoiselle.

LUCILE.

Au revoir, monsieur!...

Elle disparaît.

SCÈNE XII

ARTHUR, puis COLOMBIER.

ARTHUR, la suivant du regard.

Est-elle gentille!.. Oui, mais le nuage!.. le passé.. le passé!! (D'un ton cavalier.) Après tout, une femme est un marbre aux mains du statuaire (Avec conviction.) Je la referai à mon image. (Par réflexion, avec un cri.) Tiens!.. j'ai oublié de l'enlever... (Avec fatuité.) Oh! à présent. ..

Il se promène en chantonnant.

COLOMBIER, il arrive d'un air lugubre. *

Tu as l'air gai, toi!

ARTHUR.

Oui, je suis assez... (L'examinant.) Ah! mon pauvre garçon, quelle figure!

COLOMBIER.

Mais, malheureux, j'adore ma femme!..

ARTHUR.

Eh bien! moi aussi, j'adore ta femme, et puis?

COLOMBIER.

Sais-tu ce qu'elle fait?

ARTHUR.

Mathilde ne peut rien faire que de bien.

COLOMBIER.

Oui... Elle fait des paquets.

ARTHUR.

Comme ils doivent être bien faits.

* Arthur, Colombier.

COLOMBIER, avec colère.

Mais, tu es mes sept plaies d'Égypte, à toi tout seul. Crois-tu qu'elle ne vous ait pas aperçus depuis une heure, toi et cette demoiselle?

ARTHUR.

Alors?

COLOMBIER.

Alors, elle veut quitter cette maison profanée, elle retourne à Paris. (Avec désespoir.) Mais, je souffre, moi!

ARTHUR, lui serrant le poignet.

Tu ne souffres pas assez!! Je viens encore d'apprendre à te connaître. Mais, c'est de Mathilde qu'il s'agit... Je vais me dévouer encore une fois.

COLOMBIER.

Oh! non! je t'en supplie !

ARTHUR.

Ça ne te regarde pas... C'est elle !.. Tais-toi, voilà tout !

SCÈNE XIII

COLOMBIER, ARTHUR, MATHILDE.

MATHILDE, elle a un sac de voyage à la main. — Très-nerveuse.

Je viens vous dire adieu, Arthur. *

ARTHUR.

Mais non, Mathilde.

MATHILDE.

Je ne vous accuse pas. (Regardant son mari.) On s'est servi contre moi de votre faiblesse.

COLOMBIER, suppliant.

Mais, voyons...

MATHILDE.

Je vous prie de ne pas me parler, monsieur, (Fiévreusement.) adieu, Arthur, adieu, adieu..

Elle remonte vers la petite porte.

ARTHUR, la retenant.

Mais, ma pauvre amie, vous ne savez pas...

MATHILDE, éclatant.

Je ne sais pas.. (Furieuse, indiquant la gauche.) Qui donc est là?

ARTHUR, avec un grand calme.

Elle est là, c'est vrai.

Mouvement de Colombier.

___

* Arthur, Mathilde, Colombier.

MATHILDE.

Eh bien?

ARTHUR, avec une teinte de fatuité.

Qui vous dit que ce soit pour Colombier?

MATHILDE.

Pour qui donc? pour..? (Elle regarde Arthur, qui ne répond pas, mais qui se regarde lui-même avec complaisance. Mathilde est alors prise d'un fou rire.) Vous? Arthur?..

ARTHUR, fâché.

Mais...

MATHILDE, riant toujours.

Pardon, mais Arthur séducteur...

Le rire recommence.

ARTHUR, à part, très-froissé.

Ce n'est pas aimable du tout, ce qu'elle fait là!..

MATHILDE.

Ça n'a pas l'ombre du sens commun.

COLOMBIER. Il s'est glissé près d'Arthur et lui serre la main.

Brave garçon, va...

MATHILDE.

Et tenez, vous ne savez déjà plus votre rôle, on est obligé de vous souffler.

ARTHUR, avec force.

Je n'ai pas besoin d'être soufflé, madame. (Avec ironie.) Mais toutes n'ont pas les yeux fermés... Je la rencontrai et je lui plus. Une personne fort bien, soyez tranquille... Je vais la reconduire à sa famille!..

MATHILDE.

Sa famille.. (Sérieuse.) Vous vous trompez, Arthur, c'est moi que ce soin-là regarde.

COLOMBIER, à part.

Miséricorde!

ARTHUR, vivement.

Mathilde, Mathilde! comprenez-donc. Elle!.. devant vous!. sa confusion... vous-même, si vous vous trouviez dans une situation pareille...

MATHILDE, vexée.

Comment?.. moi.

ARTHUR.

Non, pardon.. mais..

* Mathilde, Arthur, Colombier.

MATHILDE.

Mais une jeune fille chez moi... Elle est sous ma sauve-
garde, et puisqu'elle est si bien... votre intention est de l'é-
pouser, j'imagine.

ARTHUR, embarrassé.

Mon intention...

COLOMBIER, vivement.

Sans doute, parbleu.

ARTHUR, à part.

Qu'est-ce qu'il raconte là, lui ?

COLOMBIER, à Arthur, bas, suppliant.

Voyons ce dernier sacrifice. Et puis, ces ménages-là sont
souvent les plus heureux.

ARTHUR, le repoussant.

Ah ! tu m'ennuies, toi.

SCÈNE XIV

Les Mêmes, LUCILE.

MATHILDE.

Ah ! venez ! mademoiselle, venez et...

Elle s'arrête toute surprise en reconnaissant Lucile.

LUCILE. Elle la regarde un instant — passe devant elle en la saluant
très-gentiment.

Bonjour, madame. — (S'élançant vers son frère.) Henri ! Henri !

Elle lui saute au cou.

COLOMBIER.

Toi ! c'est toi. (L'embrassant.) Gamine, va. *

ARTHUR, désolé.

Voilà ce que je craignais. Partons, Mathilde, partons, nous
n'avons plus rien à faire ici.

Il veut l'entraîner.

MATHILDE.

Pourquoi donc ? (Allant vers Colombier.) Mademoiselle Lucile,
n'est-ce pas ?

ARTHUR, à part.

Lucile !...

COLOMBIER.

Ma sœur, oui !...

---

* Arthur, Mathilde, Lucile, Colombier.

ARTHUR, *tombant anéanti sur le banc.*

Sa sœur !!!

MATHILDE, *souriant.*

Ah ! c'est mademoiselle votre sœur qu'Arthur...

COLOMBIER, *vivement.*

Mais ça n'est pas vrai du tout.

MATHILDE, *riant.*

Je le crois... Allez donc le soigner, ce pauvre Arthur — il ne me paraît pas bien. (A Lucile.) Est-ce que vous me détestez toujours, mademoiselle ?

LUCILE.

Oh ! non ! (La regardant.) Vous êtes très-jolie, madame.

MATHILDE, *flattée.*

Ah!

Elle l'embrasse.

ARTHUR, *à part, en se levant.*

Sa sœur ! quel bonheur que j'aie été bien élevé...

COLOMBIER, *bas, furieux à Arthur.*

Quelle est cette bêtise nouvelle ?

ARTHUR, *vivement.*

Mais j'épouse, mon ami, j'épouse tout de suite.

COLOMBIER.

Ah ! bien oui ! par exemple !!

SCÈNE XV

COLOMBIER, ARTHUR, MATHILDE, LUCILE, THÉRÈSE.

THÉRÈSE, *venant du fond, bas.*

Monsieur, c'est le télégraphe.

Elle est entre Colombier et Arthur

COLOMBIER ET ARTHUR.

Le...

THÉRÈSE, *montrant une dépêche.*

J'ai pensé qu'il ne fallait peut-être pas donner ça à madame.

COLOMBIER, *bas.*

Non, non, merci... C'est très-bien, Thérèse. (Souriant.) C'est très-bien.

THÉRÈSE.

Pour le coup, monsieur, ce n'est pas moi qui ris...

Elle le quitte pour aller vers Lucile. *

ARTHUR.

Une dépêche?

COLOMBIER.

Du Havre. Lis vite.

Il se place de façon à le masquer du côté de sa femme.

ARTHUR, lisant.

« Trouvaille en route — rencontré bon Anglais — m'em-
» mène au Cap — chercher diamants — Pas méchante — di-
» rai rien — Envoie argent tout de même. »

COLOMBIER, s'oubliant — Avec joie.

Au Cap — au Cap!!

MATHILDE, venant à lui, vivement.

Quelle joie... (Examinant Arthur.) Arthur n'a pas l'air aussi gai.

COLOMBIER, vivement.

Le chagrin de nous quitter... (Bas à Arthur.) Il faut que tu
partes, tu comprends... (Haut.) J'ai combattu sa résolution.

ARTHUR, il crie à pleine voix.

Ça n'est pas ma résolution du tout. Ma résolution, c'est
d'épouser ma cousine. Je ne m'en irai pas avant d'avoir
épousé ma cousine.

MATHILDE.

Plaît-il?

COLOMBIER, riant.

Et moi?

ARTHUR.

J'attendrai.

COLOMBIER, ennuyé.

Ah! je n'aime pas ces plaisanteries-là...

ARTHUR.

Eh bien! alors, Mathilde, c'est ta femme, mademoiselle,
c'est ta sœur. Ta sœur, c'est la sœur de Mathilde, la sœur de
ma cousine, c'est ma cousine...

Il est passé entre Lucile et Mathilde.

COLOMBIER, respirant. **

Ah!...

LUCILE.

Mais, monsieur..

* Arthur, Colombier, Thérèse, Mathilde, Lucile.
** Colombier, Mathilde, Thérèse, au deuxième plan, Arthur, Lucile.

ARTHUR.

Vous m'avez dit de demander à Henri, mademoiselle... vous
voyez — je demande à Henri. (Appelant.) Dis donc, Henri?

COLOMBIER, avec impatience.

Mais le dîner est servi.

ARTHUR.

Ah. Eh bien, soit. Au reste je ne sais pas presser les gens,
moi. (A Lucile.) Je me tiendrai très-bien à table (A tous les deux.)
Vous me rendrez réponse au dessert.

LUCILE, riant.

Mais pourquoi dites-vous donc toujours « Ma cousine... »

MATHILDE, s'approchant de lui.

Oui, au fait...

ARTHUR, à Lucile.

La cousine, mademoiselle, (A Mathilde, bas.) Vous vous êtes
moquée de moi. je ne vous aime plus... vous. (A Lucile.) La
cousine, c'est une très-jolie institution... Mon Dieu, ce n'est
peut-être qu'un souvenir. Mais ça vous a pris tout petit et
sans défense... Ce sont les premiers yeux qu'on regarde. La
première chose gracieuse à laquelle on commence à songer.
La première joue quelquefois teintée d'un petit ton rose...
alors qu'on se sent soi-même rouge comme une cerise. De là
un idéal...

COLOMBIER, attirant Mathilde à lui.

Eh bien oui, eh bien oui...

ARTHUR, continuant.

Un idéal... (Désignant Colombier.) que les accidents de la vie
ordinaire compromettent singulièrement. (A Lucile.) Mais le
charme persiste et quand on le retrouve (A mi-voix, au public.)
absolument inédit... (A Lucile.) Ah! Mademoiselle, si vous saviez comme vous êtes bien, la plus adorable des petites cou-
sines...

THÉRÈSE.

Le dîner...

ARTHUR.

Prenez donc mon bras, je vous prie, mademoiselle...

LUCILE, lui prenant le bras.

Monsieur..

ARTHUR, à Mathilde et Colombier.

Passez donc devant, passez donc devant. (S'arrêtant un peu
inquiet.) Ah, oui, mais.. *

* Arthur, Lucile, Colombier, Mathilde, Thérèse.

LUCILE.

Quoi donc ?

ARTHUR.

Il m'est arrivé tant de choses invraisemblables. Vous qui
êtes si gentille, si...

Il lui parle bas à l'oreille.

LUCILE, vivement.

C'est juste!... Oui, oui, oui. (Elle s'avance vers le public.) Excusez
les fautes de l'auteur.

Le rideau baisse.

FIN

CHATILLON-SUR-SEINE. — IMPRIMERIE E. CORNILLAC

www.ingramcontent.com/pod-product-compliance
Ingram Content Group UK Ltd.
Pitfield, Milton Keynes, MK11 3LW, UK
UKHW031746170726
13836UKWH00002B/909

9 782329 357645